BING

AU

PEUPLE ANGLOIS.

HÉROÏDE.

M. DCC. LX.

BING

AU

PEUPLE ANGLOIS.

HÉROÏDE.

M. DCC. LX.

BING

AU PEUPLE ANGLOIS.

DU fond de ce cachot au jour inaccessible,
Où Thémis aux Méchans rigoureuse, infléxible,
Le glaive dans la main accable les forfaits;
D'où la crainte a banni l'espérance & la paix;
Où l'affreux désespoir, la douleur & la rage,
Des horreurs de la mort offrent partout l'image;
Avant le coup fatal, pour la derniere fois,
Vers mes Concitoyens j'ose élever ma voix.

Vous, généreux Amis, dont la vive tendresse,
Aux jours d'un malheureux, malgré lui s'intéresse,
Cessez de me presser de fuir mes ennemis:
Bing au sort qui l'attend dès long-tems est soumis.
On demande mon sang; contentons ma patrie,
Qu'elle épuise à son gré les sources de ma vie,

Et tranche ſans effroi le cours de mes deſtins:
Le trépas aujourd'hui n'eſt pas ce que je crains.
Maîtreſſe de mes jours, que ſa haine en diſpoſe;
Sa rage n'a pour moi rien d'affreux que la cauſe.

Refermez ces cachots que vos mains ont ouverts;
Ma gloire, malgré vous, me retient dans les fers.
Qui ne craint point la mort peut y vivre tranquille.
La France qui me plaint me préſente un aſyle:
Mais malgré ſes fureurs, j'aime encor mon pays;
Et, quoiqu'on m'offre ailleurs, je hais ſes ennemis.
Contre tous les dangers l'innocence affermie,
Brave en paix l'injuſtice, & la haine, & l'envie.
Arrête tes efforts, généreuſe amitié,
Ma fierté ne veut rien devoir à la pitié.

Et toi que j'ai ſervi, peuple ingrat qui m'opprimes;
Dans ce funeſte jour dis-moi quels ſont mes cri-
mes.
Je ſuis vaincu. Le ſort qui ſeul fit mon malheur
Sur les flots étonnés a trahi ma valeur.
Tout ce qu'ont pû jamais le nombre, le courage,
L'artifice, l'honneur, je mis tout en uſage.
Du triomphe aſſurés, mes rapides vaiſſeaux
D'un cours précipité fendoient le ſein des eaux:

Tout ſecondoit mes vœux, & les vents & Neptune;
Mais à tant de faveurs il manquoit la fortune,
Ce mobile de tout, par qui ſeul les humains
Peuvent voir réuſſir ou tomber leurs deſſeins:
Favoriſant ſans choix le coupable & le juſte,
Elle trahit Céſar, & fit regner Auguſte.
J'eſpérai ſon appui, je tentai les haſards.
Bientôt l'airain cruel tonne de toutes parts;
Le bronze foudroyant gronde, éclate, ravage,
Dans les flancs des vaiſſeaux ouvre à l'onde un paſ-
ſage;
Le plomb mortel frémit, vole, ſiffle en fureur,
Et lancé des deux parts porte par-tout l'horreur.
La mer reçoit nos morts dans ſon onde ſanglante.
Pendant quelques momens la victoire eſt flotante:
Entre la France & moi je la vis balancer.
Que ne tentai-je point alors pour la fixer?
Le deſtin des combats n'eſt pas en ma puiſſance.
Le François plus heureux fit pencher la balance:
Et ceſſant de tenter d'inutiles efforts,
Je ſauvai tes débris ramenés dans tes ports.
Bing eſpéra qu'un jour courant à la victoire,
Nos ſoldats plus heureux répareroient ta gloire.
Il conſerva des bras qui pouvoient te ſervir;
Il épargna ton ſang, & tu veux l'en punir.

Les François triomphans, pourſuivant leur conquête,
Vont porter dans Mahon la flamme & la tempête ;
Et ces murs foudroyés, devant eux abattus,
Par la Nature & l'Art ſont envain défendus.
Je ne pus arrêter leur fatale entrepriſe ;
Tout tomba ſous leurs coups, Minorque fut ſoumiſe.
Et lorſqu'à mon retour je formois des projets
Pour réparer ma honte, & chaſſer les François ;
Un peuple furieux me pourſuit & m'arrête,
On me charge de fers, on demande ma tête ;
Dans des cachots profonds traîné par des ſoldats
Je me vois confondu parmi des ſcélérats.

Je devois, me dit-on, détruire avec courage
Ces reſtes affoiblis, échappés au carnage,
Vaincre ou périr enfin, & trahi par le ſort
Dans l'abyme des flots chercher ſoudain la mort.

Qu'eût produit cette aveugle & barbare furie ?
Ce ſang que je conſerve eſt cher à ma patrie.
Si je l'euſſe verſé, c'eût été la trahir.
A d'injuſtes décrets falloit-il obéir ?
Etre utile à l'Etat, voilà la loi premiere.
Toute loi ne l'eſt plus lorſqu'elle t'eſt contraire.

Quand Rome abandonna ces timides Guerriers,
Au jour affreux de Canne, autrefois prisonniers,
Elle reçut du moins ceux qui, sauvant leur vie,
Pouvoient combattre encor, & venger leur patrie.
Punissez un soldat qui s'est mal défendu,
Honorez-le vainqueur, mais plaignez-le vaincu.

Dans le rang où je suis porté par mon courage,
Je ne m'attendois pas à souffrir un outrage.
A mes travaux passés d'autres prix étoient dûs.
Peuple injuste & cruel ne t'en souviens-il plus?
De mes premiers succès l'Univers parle encore;
Et Londres me poursuit quand l'Europe m'honore.
Après tant de bienfaits que tu m'as prodigués,
Tant d'honneurs différens que j'ai si peu brigués,
Ta farouche inconstance & m'accable & m'opprime:
Tant de dons n'ont servi qu'à parer ta victime.

Un Frere malheureux de ma fortune instruit,
Du sein de l'Amérique accouroit à ce bruit.
Il venoit, disoit il, d'une voix attendrie,
Voir un Frere vainqueur & cher à sa patrie.

Il arrive, il me cherche; ô surprise! ô terreur!
Sur le front des Anglois il voit régner l'horreur.

Il entend à mon nom frémir au loin la haine.
Tout annonce ma chûte, & ma perte prochaine.
Il pénétre en ces lieux. Mes cachots ſont ouverts;
Leur ombre l'épouvante, il contemple mes fers:
Il jette autour de nous une timide vûe;
Dans un ſilence affreux ſon ame eſt ſuſpendue.

Ses yeux chargés de pleurs, tombant enfin ſur moi;
Dans ces lieux, me dit-il, eſt-ce vous que je voi?
Sont-ce là les honneurs qu'aujourd'hui ma patrie
Se plaît à prodiguer au bras qui l'a ſervie?
De tous ſes ennemis eſtimé, redouté,
Par ſes concitoyens, *Bing* eſt perſécuté.
Londre épuiſe ſur lui l'injuſtice & la rage,
Paris reſpire enfin, il craignoit ſon courage.
France, réjouis-toi, mépriſe nos fureurs:
Les imprudens Anglois immolent leurs vengeurs.
Je vois, en frémiſſant, le ſort qu'on vous apprête.
La mort flote ſur vous, la foudre eſt toute prête.
Et lorſque l'amitié m'amenoit en ces lieux
Pour embraſſer un Frere honoré, glorieux,
Pour mêler mes tranſports à ceux de ma patrie,
Je le vois dans les fers & dans l'ignominie.
Des caprices du ſort, effet trop douloureux!
Plus il fut élevé, plus il eſt malheureux.

Ses sanglots à ces mots s'ouvrent un long passage.

Je me rappelle encor cette cruelle image ;
Je crois le voir tremblant, pâle, défiguré,
Reporter sur son Frere un regard égaré ;
Chercher, mais vainement un rayon d'espérance ;
M'embrasser en pleurant, crier à la vengeance,
Plein d'horreur & d'effroi soupirer dans mes bras ;
Appeller mes bourreaux, implorer le trépas.

Il partageoit mes maux, & de ses mains chéries,
Il soulevoit mes mains du poids des fers flétries,
Les pressoit sur son sein, les mouilloit de ses pleurs.

Stoïques orgueilleux, méprisez nos douleurs,
Ainsi qu'une foiblesse, étouffez la nature,
Ignorez ses effets, son charme, son murmure ;
La sensible amitié, ses transports, son tourment,
Frappent en vain vos cœurs privés du sentiment.

Des soldats furieux & jaloux de nos larmes,
De ce triste entretien viennent troubler les charmes.
On veut nous séparer. Appellant le trépas,
Mon frere malheureux se jette dans mes bras,
S'en arrache en pleurant, & s'y rejette encore,
Vole vers mes bourreaux ; sa douleur les implore ;

Elle leur parle en vain : il le voit & frémit.
De ses gémissemens ma prison retentit.
Sous le poids de ses maux je le vois qui succombe ;
Il m'observe en pleurant, pâlit, chancelle, & tombe.
Son front se couvre alors des ombres de la mort.
Je l'appelle. Son œil se r'ouvre avec effort.
» Dans le sein du tombeau je vous préviens, mon
» Frere :
» Je mourrai dans vos bras.... Cette mort m'est bien
» chere....
» Puisse le Ciel..... « Sa voix expire en cet instant,
Il me nomme, me plaint, & meurt en m'embrassant.

Spectacle plus cruel cent fois que le supplice,
Que préparent pour moi la haine, & l'injustice.
Vous mourûtes, mon frere, & je n'expirai pas.
Le sort pour m'accabler differa mon trépas :
Je n'avois point encor assez senti sa rage.
Peuple injuste & barbare acheve ton ouvrage,
Au frere qui n'est plus, joins le frere expirant ;
Le bien le plus flateur est la mort qui m'attend.
Le jour dont je jouis m'est devenu plus rude,
Par sa mort, mes regrets & ton ingratitude.

J'ai pû d'un œil férain regarder tes fureurs,
Il n'eft plus, & mon cœur lui donne encor des pleurs?
Frappe, ne tarde pas. Mais en quittant la vie
Aux yeux de l'avenir que *Bing* fe juftifie.

Depuis quand des effets fommes-nous les garants?
Répondons-nous du fort & des évenemens?
Nous mourons au combat, la gloire nous l'ordonne.
Nous formons des projets, le fort feul les couronne.
L'univers a-t-il vû les fuperbes Romains
Imputer à leurs Chefs les fautes des Deftins,
Armer contre eux des loix la rigueur flétriffante,
Et dans leurs flancs ouverts plonger leur main fanglante.
Si le peuple infulta le vainqueur Scipion,
Se plaignit-il jamais de l'imprudent Varron?
Il fuit honteufement : Rome le remercie
D'efperer bien encor du fort de la Patrie.
Si leurs Rivaux enfin, fi les Carthaginois
Contre Annibal vaincu, s'armerent autrefois;
Ses Citoyens ingrats au moment qu'il échoue,
Puniffent à Zama les fautes de Capoue.

Mais quel affreux effet produisit leur fureur?
Carthage imprudemment perdit son défenseur.
Scipion accouroit; cédant à la tempête
Au joug de ses vainqueurs elle soumit sa tête.

La mort ne fait jamais la honte du mourant.
On peut être vaincu sans en être moins grand.
Quand à l'heureux César il céda la victoire,
Le malheur de Pompée a-t-il terni sa gloire?

J'ai sauvé tes enfans, & ta férocité
D'un acte généreux fait une lâcheté.
N'est-on grand en effet qu'alors qu'on est terrible?
Devient-on criminel pour être homme & sensible?
Poursuis, condamne moi. Mon cœur peut tout souffrir.
Si le supplice est prêt, je suis prêt à mourir.
Mes triomphes passés défendront ma mémoire,
Et qui meurt innocent ne meurt jamais sans gloire.

J'aurois pû dérober ta victime au trépas,
Mais *Bing*, jusqu'à la fin, laisse agir les ingrats.
On verra jusqu'où peut aller leur barbarie.
La honte, s'il en est, n'est que pour ma patrie.
Maître de les changer, je subis mes destins,
Et je retiens les fers qui tomboient de mes mains.

Trop ſenſibles Amis, ne verſez plus de larmes:
Au ſein de la fureur, le juſte eſt ſans allarmes.
D'un œil indifférent enviſagez mon ſort:
Que peut-il m'arriver de pire que la mort?
Le guerrier au combat la donne avec courage,
D'un front calme & ſérain le ſage l'enviſage:
Elle n'eſt à ſes yeux que la fin de ſes maux,
Un ſommeil néceſſaire après de longs travaux.

Toujours ſur ſes auteurs retombe l'injuſtice.
L'Univers plaindra *Bing* en voyant ſon ſupplice.
De tout tems l'innocence eſt inſtruite à ſouffrir.
La Gloire attend le coup, la honte eſt de le fuir.

A quel titre aux François demander un azyle?
Bing à ſes Protecteurs ne ſauroit être utile.
Il ſubiroit plutôt mille fois le trépas,
Que d'attaquer ces lieux qu'a défendu ſon bras.

Thémiſtocle outragé reſpecta ſa patrie,
Il n'en imita point la coupable furie;
Il eût pû la punir, il ſçut la ménager;
Son cœur fut aſſez grand pour ne pas ſe venger.
Il fit voir à la Perſe, en mépriſant la vie,
Des vertus que ſans lui n'eut point connu l'Aſie.

Mais on vient. C'en est fait. Ma prison va
s'ouvrir.
Mon terme est arrivé, je cesse de souffrir.
J'entends déjà les cris d'un peuple qui m'appelle.
De mes Concitoyens une foule cruelle,
Avide de mon sang, errante vers ces lieux,
De ce spectacle affreux vient repaître ses yeux.
Paroissons devant eux, satisfaisons leur rage,
A mourir condamné, mourons avec courage.
Ainsi mille Héros ont subi le trépas,
Et leur sort fut toujours de faire des ingrats.

Du Dieu dont l'univers annonce la puissance,
J'accomplis les décrets marqués à ma naissance.
Tels qu'il les a réglés, mes destins sont remplis.

Etre Auguste, à tes loix tout mon cœur est soumis.
Dans tes bras tous puissans est le bonheur suprême.
Le souffle qui m'anime émana de toi-même ;
Convaincu de ton être, adorant ta grandeur,
Brulant de me rejoindre à mon sublime auteur,
J'attens impatient le coup qui me délivre
De l'opprobre où je suis, & du fardeau de vivre.

Mon cœur en ce moment où pour moi tout finit,
Confie à tes bontés l'Etre qui me survit.

Loin des folles erreurs que le vulgaire encense;
Dans ton sein infini je le sens qui s'élance.
Tu fus dans tous les tems la règle de mes vœux.
L'homme qui te connoît par là même est heureux.

Ton bras qui confondit l'orgueil & l'insolence,
Quelquefois à leurs coups a livré l'innocence.
Laissons l'impie altier accuser ta grandeur:
Le vrai Sage soumis adore ta hauteur.

Mais on ouvre. Je touche à mon heure derniere;
Mes yeux pour la quitter vont revoir la lumiere.
On soulage mes mains du poids honteux des fers,
Je vais être à l'instant rayé de l'univers.
Un Ministre glacé d'horreur & d'épouvante,
D'un pas mal assuré devant moi se présente;
De mon terme fatal il me vient avertir.
Tout est prêt, on m'attend, & le coup va partir.

Prêt à subir la mort au sein de l'innocence,
Je ne demande, ô ciel! ni secours, ni vengeance.
Pour des crimes plus grands réserve ton couroux.
Je chéris les Anglois en tombant sous leurs coups.
Qu'un jour nos descendans instruits de mon histoire,
Condamnant leurs ayeux, pleurent sur ma mémoire.

Que la mort où je cours laisse un long souvenir :
Qu'elle serve d'exemple aux siecles à venir,
Que les fils profitant des fautes de leurs peres,
Deviennent plus humains, plus justes, moins séveres.
Que je sois de leurs Chefs le dernier outragé,
Qu'ils soient heureux enfin, & je serai vengé.

FIN.

www.ingramcontent.com/pod-product-compliance
Lightning Source LLC
LaVergne TN
LVHW010331230826
846091LV00009B/3819
9782019710514